枝元なほみの今夜はおでん

おでんだねを買いに、東高円寺にあるマルサかまぼこ店さんへ。

佐
かま
手づくり
佐
かまぼこ店
手づくりの味
おでん
お持ちかえり出来ます

おでんでんでん♪

おでんて、みんなのいろんな思い出がくつくつ煮込まれているような気がするんです。どのたねが好きかを語るだけで、ついみんな熱くなる。

「大根は別格だ！」「ゆでたまごは外せないよ！」「いや、うちのおでんの華はなんと言っても牛すじです！」とか「私はちくわぶを食べるためにおでんを作るのだ！」「えぇーっ、ちくわぶって意味わかんない！」とかね。「いやいや陰の主役は、はんぺんでしょうやっぱり」「いえっ、もちろん練り物が王道ですってば」などなどなどなど……。

いろんなおでん体験を経て、それぞれの好みが形成されてきたわけで、もう庶民の暮らし代表として表彰台に立ってほしいくらい。

実家でも冬場には、おでんの入ったアルマイトの大きな鍋がストーブの上に鎮座していましたっけ。正月も気負った正月料理とは別に、どん、とアルマイト鍋におでん。おでんがあればひとまず安心、て感じだったんでしょう。

駅前の商店街にはおでんだねの練り物を各種並べたお店があって、本当はうずらたまごやシュウマイが入ったのや尻尾みたいにイカゲソの先が出ているのを買ってほしいのに、母が選ぶのはだいたい地味な、なんの変哲もない団子状のものや四角いのや楕円形の平たいの。でもそんな練り物はまだしも、「お母さん、このでっかいこんにゃくでどうやって白ごはんを食べるのよー」と、おでんはごはんのおかずにならないと思っていた子どものころ。

ハンバーグやシチューやカレーなんていう高度成長期に現れ

たスターおかずの陰にひっそり、いや違う、野太くたくましく、デン！と構えたごった煮おでんがあったのでした。

おでんでんでん♪

父に連れられて銀座のおでん屋さんに行ったのが、お店おでんの最初でした。有名なしょうゆ味の関東風のおでん。父はごくごく普通のサラリーマンでしたが、自分がおいしいと思ったものは土産にしたり、食べに連れて行ったりしたい食いしん坊でありました。

大人になって当時の恋人と行ったおでん屋さんで、はじめて澄んだスープの塩味おでんを食べて、目からうろこ。その粋な感じの味に近づきたくて、牛すじを煮てみたりと背伸びをしました。友だちを呼んで、でんパ（おでんパーティの略！）をするようになったのも、その塩味おでんがきっかけです。

8畳ほどの部屋のテーブルを片付けて、玄関に入りきらない靴を積み重ねて、20人ほどの知り合いやその友人たちが集まったのが過去最大のでんパ。

そのときには、３キロ煮た牛すじがあっという間に売り切れました。

おでんでんでん♪
いろんな思い出とともにおでん。おでんとともに思い浮かぶいろんな人たち。
気持ちごとくつくつ煮込んで、このおでん本が皆様のおでん愛のお役にたちますよう祈っています。

枝元なほみ

もくじ

定番おうちおでん

だしとり

下ごしらえ

今夜はでんパだっ!!

大人のおでん

おいそぎお気楽おでん

おでん便利帳

定番おうちおでん

榮川

おやじおでん
鶏ガラスープのだしが決め手。
シンプルな塩味です

おやじおでん

「鶏ガラスープ」と「かつお昆布だし」を合わせた塩味のおでんは、私がいちばんよく作る定番のレシピです。凝り性のおやじさんが作るイメージで、お酒との相性もばっちり。仕込むのに時間はかかりますが、そのぶん、旨味がしみ込んだ「おでん屋さんの味」になります。

材料（4人分）

だし

- 鶏ガラスープ（P24参照）……1.5ℓ
- かつお昆布だし（P22参照）……1.5ℓ
- 塩……大さじ1と1/3

＊スープをとるのを省きたい場合は、鶏ガラスープの素（顆粒）などでも代用可。

たね

- 大根……1/2本
- ゆでだこの足（細め）……4本
- こんにゃく……1枚
- 昆布（早煮）……約25cm長さ×4枚

＊幅は手に入った昆布のなりゆきで。

- さつま揚げなど好みの練り物……各4個など
- はんぺん……2枚
- 焼きちくわ……2本
- 木綿豆腐……1丁

お好みで合わせるもの

- 練りがらし

作り方

1―鶏ガラスープと、かつお昆布だしをとり、同量を合わせて塩を加え、だしを作る。

2―大根（6等分の輪切り）、たこ、こんにゃく（4等分の三角に切る）、昆布はP27～30の通りに下ごしらえをする。

3―鍋に1を煮立て、2を入れて20分以上煮る。

＊できればいったん火を止めて60度くらいになるまで冷ますと味がよくしみる。温める→冷ますを2～3回繰り返すと大根が絶品に。

＊だしは多めの量なので、鍋に入りきらない分は「つぎ足し用」にとり分けておく（残ったら冷凍し、うどんや煮物のだしに使う）。

4―さつま揚げなどの練り物は、P31の通りに油抜きをする。はんぺん、ちくわ、豆腐は好みの大きさに切る。3に加えて10分ほど煮る。

おでん屋さんになった気分で、ゆっくり作って、ゆっくり食べる。時間がおいしくしてくれるレシピです。
鶏ガラスープは前もってとっておき、冷凍ストックしても。

豆腐はさっと温めて、湯豆腐風につまみとして食べるのもおすすめ。刻みねぎやかつお削り節をのせ、
しょうゆをひとたらし。スープも飲み干したくなるおいしさです。

おかんおでん

かつおと昆布の合わせだし。
関東地方の定番のしょうゆ味

おかんおでん

「関東炊き」とも呼ばれるしょうゆ色のおでん。私の母が晩ごはんのおかずとして作ってくれたのも、練り物いっぱいのこのタイプでした。「おうちおでん」らしく、思い立ったらパッと作れるように、大根は電子レンジで下ゆでをしても。野菜も食べてほしいから青菜の春菊も入れましょう。

材料（4人分）

だし

- かつお昆布だし（P22参照）……2ℓ
- 塩……小さじ1〜1と1/2
- しょうゆ、みりん……各大さじ3

たね

- 大根……1/3〜1/2本（約500g）
- じゃがいも（大）……4個（約600g）
- さつま揚げ（大きめ）……4枚（またはごぼう巻き、うずら巻きなど好みの練り物でも）
- ちくわぶ……1本
- 細ちくわ……4本
- 結び糸こんにゃく……4個
- ゆでたまご……4〜6個
- ウインナー……1袋（6本くらい）
- 春菊……1束

お好みで合わせるもの

- 梅おかか（P122参照）

作り方

1—かつお昆布だしをとる。

2—大根はP27または32、じゃがいも、さつま揚げ、ゆでたまごはP28〜31の通りに下ごしらえをする。

3—ちくわぶは長さを半分に切ってから、斜め半分に切る。結び糸こんにゃくはさっとすすぐ（時間に余裕があれば、水から入れて沸騰するまでゆでると味がしみやすくなる）。ウインナーは斜めに切り込みを入れる。春菊は2〜3等分にざく切りにする（細ちくわは、油抜きの必要がないのでそのままでOK）。

4—鍋にだしの材料をすべて入れて煮立て、春菊とウインナー以外のたねを加えて20分以上煮る。ウインナーを加えて温め、春菊を加えてさっと温める。

子どもはおかずに、大人はおつまみにと、それぞれに楽しめるのがおでんのいいところ。関東炊きはおでんの代表として愛されている冬の国民食。大根やたまごなど、王道のたねが合います。

しょうゆ味でおかずになるおでん……とはいえ、「白いごはんのおともが欲しい」と思う子どもや大人もいるはず。そんなときは付け合わせに梅おかかをどうぞ。おでんのたねにのせてもおいしいです。

この本の読み方

おでんの煮込み方の基本

おでんのたねは長く煮込みたいものと、さっと煮たいものがあります。段階を分けて、順に鍋に加えていきましょう。

最初から長く煮る（30分以上）
大根、たまご、こんにゃく、昆布

途中から煮る（10〜20分）
さつま揚げなどの練り物

最後にさっと煮る（数分程度）
はんぺん、ウインナー、青菜

右記は一例です。
「はんぺんやちくわぶはくったりするまで煮るのが好き」など、お好みによって変えてください。

おでんを煮る火加減は基本、弱火です。

グツグツ煮立てると煮くずれするので、鍋にたねを入れたら温まるまでは中火にし、くつくつしてきたらすぐに火を弱めます。

おでんを煮るのは具をやわらかくするためではなく、味をしみ込ませるためなので、弱火でじっくりがいいのです。
※おでんのだしは、あとから鍋に追加したくなる場合もあり、多めに作っています。

調味料と計量について

・砂糖は精製されていないものを、塩は自然塩を使っています。
・油はとくに指定がない限り、香りにクセのないものを使っています。
・1カップは200㎖、大さじ1は15㎖、小さじ1は5㎖です。

電子レンジの使用について

電子レンジの加熱時間は、600Wの場合の目安です。500Wの場合は、1.2倍の時間を目安に加熱してください。

かつお昆布だし

かつお節のイノシン酸と、昆布のグルタミン酸。ふたつの旨味を合わせせた相乗効果で奥行きのあるだしに仕上がります。

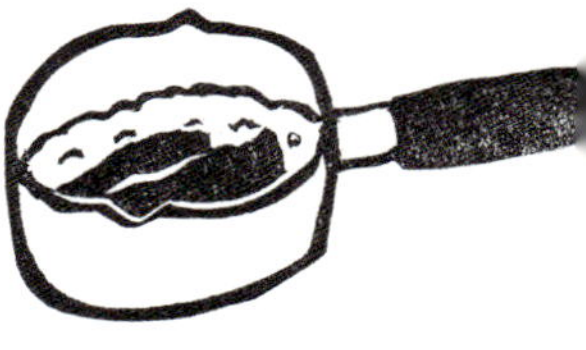

材料（約2ℓ分）
- 昆布（だし用）……8×15cm
- かつお削り節……30g

作り方

1

鍋に水2.5ℓと昆布を入れて20分以上おき、中火にかけてゆっくり煮る。昆布からふつふつと小さい泡が立つくらいに温まったら、昆布を引き上げる。

削り節を加え、沸騰させずに弱火で1～2分加熱して火を止める。削り節が沈むまでおく。

ボウルとざるを重ねた上にペーパータオルを敷き、2をそそいでこす（削り節は軽く絞る）。

たくさん昆布を使ったら……

昆布のつくだ煮

作り方

引き上げた昆布は、ファスナーつきの保存袋などに入れて冷凍保存。ある程度の量になったら、冷凍庫から出して昆布に直接水をかけて解凍する。

鍋に、3cm長さくらいの細切りにした昆布（約350g）を入れ、水をひたひたにそそぎ、しょうゆ大さじ4、みりん大さじ4、砂糖大さじ1～2、酢大さじ1を加えて、30～40分煮る。仕上げにかつお削り節（10g）をもんで細かくしながら加える。

＊そのほかの使い方としては、落とし蓋代わりにする→P56の肉おでん参照。また、解凍してから2～3cm角に切って、豚汁などのゆっくり煮る汁物に加えても。

だしとり

鶏ガラスープ

これさえあれば断然、料理がおいしくなる！冬の間はしょっちゅう仕込んで冷凍しています。

＊冷凍すれば約1カ月保存可能。シチューやスープはもちろん、お雑煮もだしと半々で活躍します。

＊鶏ガラが手に入らない場合や時間がないときは、かつお昆布だし（P22）1ℓあたり小さじ2の市販の鶏ガラスープの素（できれば無添加）を加えたもので代用できます。

材料（約2ℓ分）

- 鶏ガラ……2羽分
- ねぎの青い部分……1本分（約12cm）
- しょうがの薄切り……3枚
- 黒粒こしょう（あれば）……7粒くらい

鶏ガラはスーパーマーケットや精肉店で購入できる。手に入るのが冷凍品の場合は、自然解凍、または電子レンジの解凍機能で解凍してから使う。

作り方

1

鶏ガラは下ゆでして生臭みをとる。鍋に1.5～2ℓの湯を沸かして鶏ガラを入れ、表面の色が変わったら湯をきる。

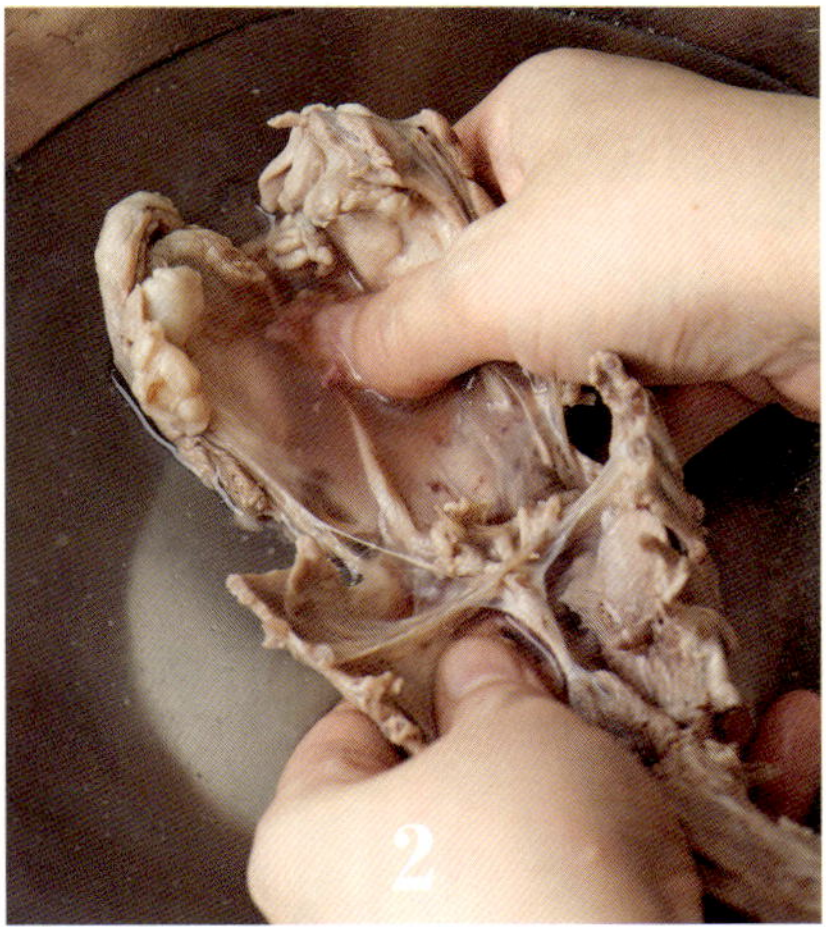

鶏ガラを水ですすいで、アクや血合いをとり除く。

大きめの鍋に鶏ガラ、水３ℓを入れて強火にかける。沸騰したらアクをとる。

ねぎ、しょうが、こしょうを加え、2/3量くらいになるまで中火で2時間ほど煮る（途中、煮汁が少なくなりすぎたら、水を足す）。ざるでこし、鶏ガラやねぎなどをとり除く。

＊急ぐ場合は、圧力鍋を使っても。２の準備を済ませたら、圧力鍋に鶏ガラ、水２ℓくらい、ねぎ、しょうが、こしょうを入れ、蓋をして強火にかける。圧力がかかったら弱火にし、15分ほど加熱して火を止め、圧力が下がるまでおき、ざるでこす。鍋の大きさによって水の量が少ない場合は、濃いスープがとれるので、使うときに水を適宜足す。

下ごしらえ

もくもくと仕込みをするのも
おでん作りの楽しみ。
ポイントをおさえて
進めましょう。

大根

下ゆですることで、
だしの味がしみるように

2cm厚さの輪切りにし、皮を厚めにむく。

時間に余裕があれば面取りをすると、煮くずれしにくくなる。

両面に十文字、場合によっては格子状の切り込みを入れると味がしみやすい。

鍋に入れ、かぶるくらいの水と米大さじ1を入れて強火にかける。沸騰したら竹串がすっと通るまで中火で15〜20分ゆでる。ゆでこぼして水にとり、すすいで米のぬめりを落とす(米を入れるのはゆで汁の濃度を上げるため。大根の水分をとりすぎずに仕上げることができる)。

たこ

小ぶりのゆでだこを選びましょう（値段が安いものがやわらかくなりやすい）

足を1本ずつ切り離してから、両面に何本も斜めに切り込みを入れる（食べやすくなる）。

竹串に刺す（おでんにたこを入れると、だしにたこの色が移り、赤っぽい汁になる）。

じゃがいも

電子レンジの加熱は水を加えないので煮くずれしにくい

皮付きのまま洗って半分に切る。耐熱ボウルなどに入れ、蓋かラップをし、電子レンジ600Wで加熱する（大きめのじゃがいも1個150gあたり3分が目安）。

粗熱をとったら皮をむく。いったん冷ましてから煮ると煮くずれしにくい。

かんぴょう

巾着やロールキャベツを結ぶのに使います

2

塩小さじ1〜2をふってもみ、水ですすいで塩を落とす。

しんなりするまで水に10分ほどつける。

3

巾着やロールキャベツなど煮込むものに使う場合、下ゆでせずにそのまま縛ってよい。

結び昆布

早煮昆布を選ぶと
やわらかくて食べやすい

水に5分ほどつけてしんなりしたら、結ぶ（幅が広い場合は縦半分に切り分ける）。

薄い場合は、2枚一緒に結ぶとボリュームが出る。

ゆでたまご

常温にもどしてから使います
（ぬるま湯に10分ほどつけても）

沸騰した湯に、おたまを使って割れないように入れ、8分くらいゆでて水にとる。新鮮なたまごは殻がむきにくいので、丸いほうに針などで小さく穴をあけておくとよい。

こんにゃく

アク抜きは、下ゆでせずに
塩でもみ洗いするのが簡単

1枚につき塩小さじ2をふってよくもみ込み、水ですすぐ。

練り物

きちんと油抜きをすると、味がしみやすくなります

沸騰した湯に入れて温まる程度に30秒〜1分ゆでたら、ざるに上げて湯をきる。

下ごしらえは省けます！

「おうちおでん」は家庭料理だから、気軽に作れることも大切。ゆずれないところ、省いちゃうところの緩急をつけていきましょう。

大根の下ゆでは電子レンジでも

大根は1cm厚さの輪切りや半月切りにし、余裕のある大きめの耐熱ボウルなどに入れ、水をひたひたにそそぐ。蓋かラップをし、電子レンジ600Wで透明感が出るまで加熱する。大根100 gあたり2分30秒くらいが目安。電子レンジからとり出すとき、蓋やラップを外すときは、熱湯や蒸気、吹きこぼれに注意。

市販品のだしを活用

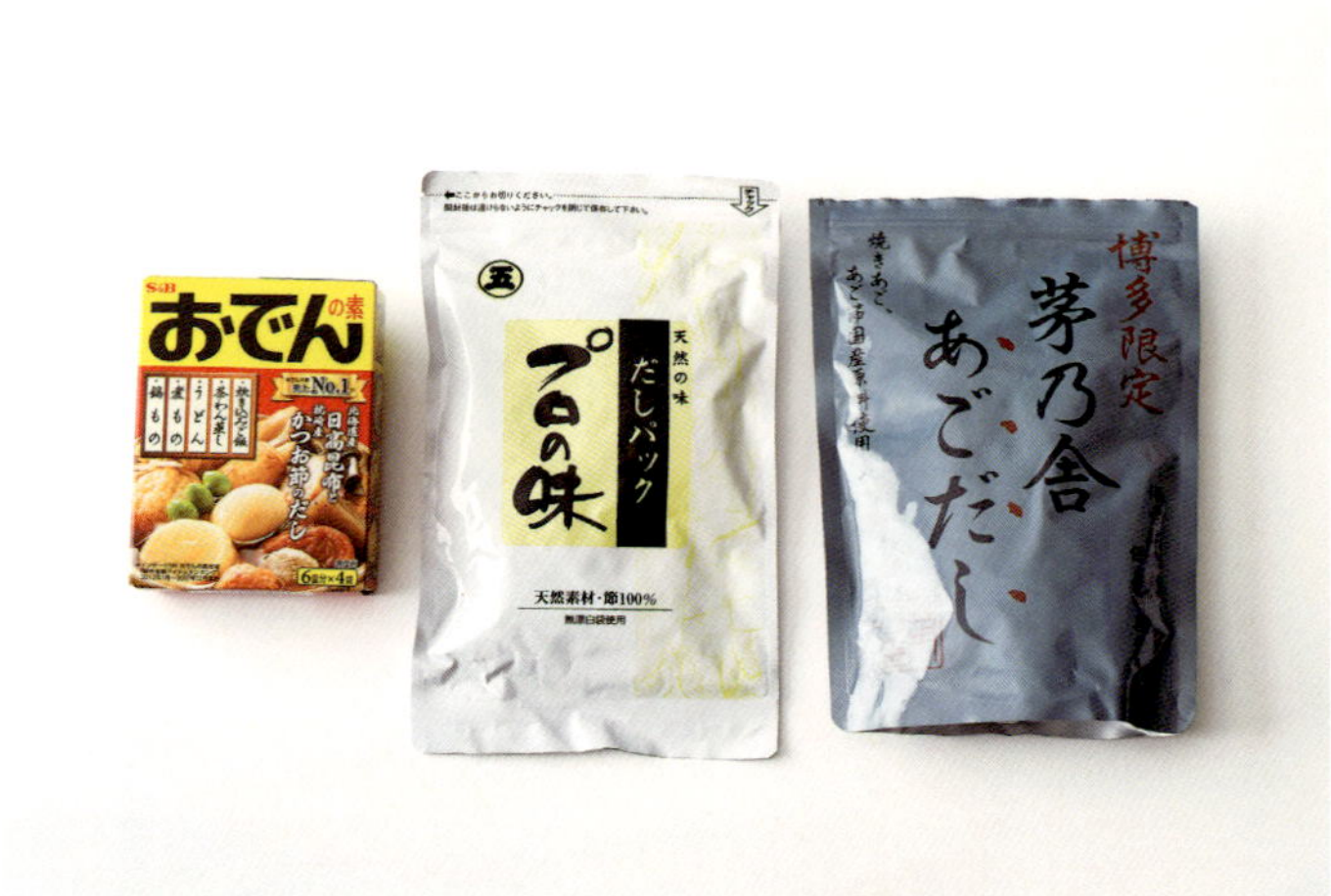

だしパックを使ってみたり、いっそのことおでんの素を使ってみたり。市販のだしにもおいしいものがいっぱいあるから、わが家の定番を見つけても。

今夜はでんパだっ!!

牛すじおでん

牛すじのだしがしみわたる
ガッツリおでん

牛すじおでん

牛すじの準備に時間がかかるけれど、それがむくわれるほどにおいしくて、誰に作っても喜ばれるおでんです。牛すじは前日にゆでておくと、夜の間にゆで汁の脂が固まって、とり除きやすくなります。シメはカレーうどんがおすすめ（P116参照）。

材料（4人分）

だし

- かつお昆布だし（P22参照）……1ℓ
- 牛すじのゆで汁……1ℓ
- しょうゆ……大さじ5
- 砂糖……大さじ2
- 塩……小さじ1/2

たね

- 牛すじ……800g（12〜16本分）

A
- しょうがの薄切り……3枚
- ねぎの青い部分……1本分（約12cm）
- 黒粒こしょう（あれば）……8粒

- こんにゃく……1枚
- 木綿豆腐……1丁
- 焼きちくわ……1本

お好みで合わせるもの

- 刻みねぎ（水に5分ほどさらして水けを絞る）、練りがらし、七味唐辛子

作り方

1—かつお昆布だしをとる。

2—牛すじの下ごしらえをする。鍋に1.5〜2ℓの湯を沸かし、牛すじをほぐしながら入れ、全体に白っぽくなるまでゆでる。ざるに上げて湯をきり、水ですすいでアクや血合いをとり除き、3〜5cm角に切る。

3—鍋に2、水2ℓを入れて強火にかける。沸騰してアクが出たらとり除き、Aを加え、中火にして1時間ほどゆでる。冷めるまでおき、氷を入れて温度を下げ、表面に固まった脂をとり除く（時間に余裕があれば前日に下ゆでし、蓋をしてひと晩おくと脂が固まって取り除きやすい）。

4—牛すじをとり出して、ゆで汁と分ける（ゆで汁はとっておく）。牛すじを竹串に刺す。

5—こんにゃくはP30の通りに下ごしらえをして長辺を4等分に切る。ちくわは長さを半分に切ってから、斜め半分に切る。豆腐は食べやすい大きさに切る。

6—鍋にだしの材料をすべて入れて煮立て、牛すじ串、こんにゃくを加えて20〜30分煮る。ちくわ、豆腐を加え、さらに15分ほど煮る。

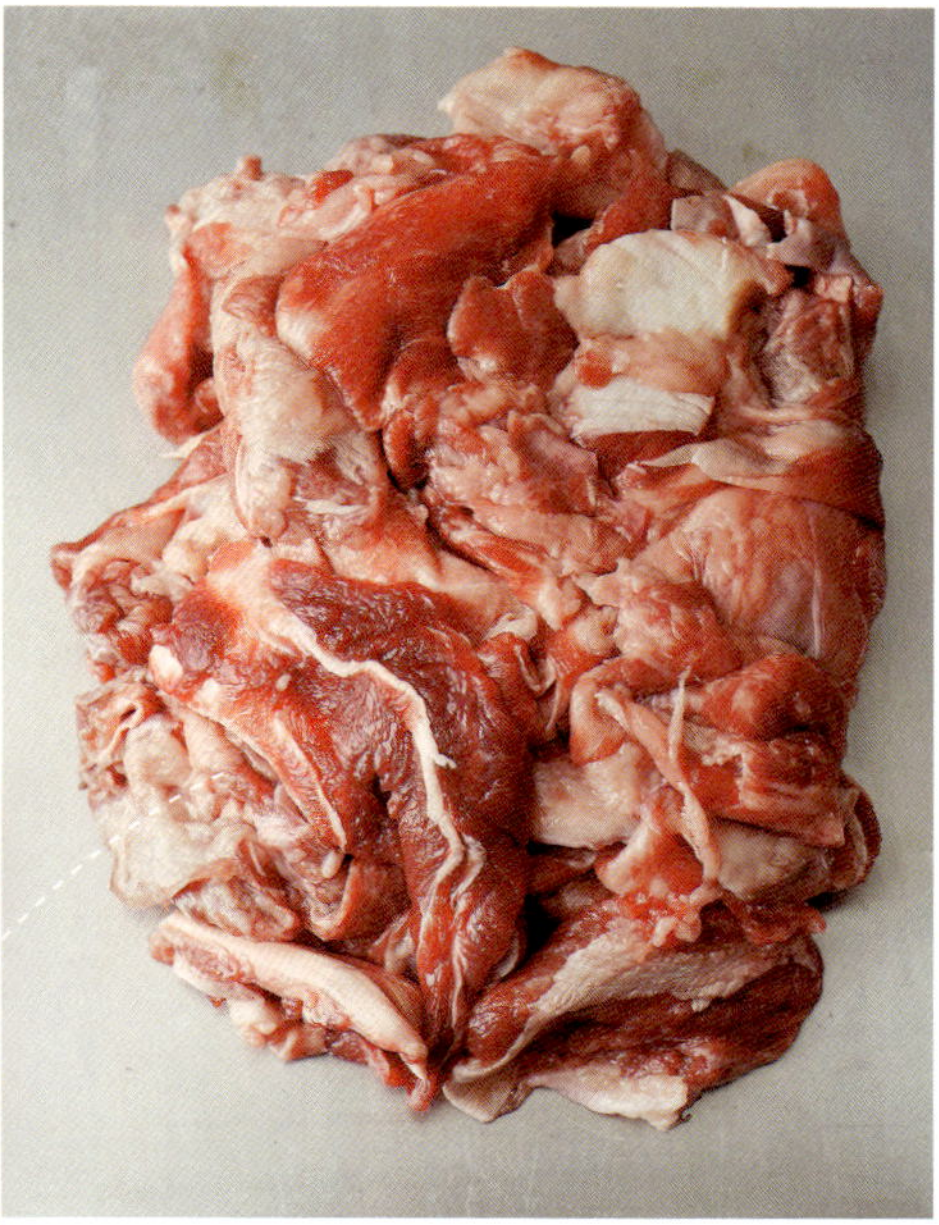

牛すじは、精肉店やスーパーマーケットで購入可能です。店頭に並んでいない場合でも、お店の方にたずねてみると出してくれることも。

牛すじを下ゆでしたあと、脂をしっかりとり除くことがおいしさのポイントに。当日に仕込む場合は氷を入れて温度を下げてから、固まった脂をとり除きます。

牛すじを串に刺すときは、折りたたみながら刺していくと、外れにくくなります。

宝袋のおでん

いろんな具を入れた
巾着が主役

宝袋のおでん

3種類の巾着が入ったおでんは、いざ食べるまで中身がわからないのがお楽しみ。巾着作りにちょっぴり手がかかるから、野菜は味のしみ込みが早いかぶを合わせました。油揚げやきのこの旨味がだしにとけ込んでいるので、切り餅の残りを使ってシメにお雑煮を作っても。

材料（4人分）

だし

- かつお昆布だし（P22参照）……2ℓ
- 塩……小さじ1～1と1/2
- しょうゆ、みりん……各大さじ2と1/2～大さじ3

たね（巾着3種類×4個分）

- 油揚げ……6枚
- かんぴょう……17cm×12本
- かぶ……4～6個
- 大黒本しめじ（なければエリンギ）……4本

A（糸こんきのこ巾着）

- 糸こんにゃく……1/2玉（150g）
- しめじ……1/2パック（70g）
- 豚ひき肉……70g
- しょうゆ、酒……各小さじ1

B（餅巾着）

- 切り餅……2個

C（たまご巾着）

- たまご……4個

作り方

1—かつお昆布だしをとる。かんぴょうはP29の通りに下ごしらえをする。

2—左ページの要領で油揚げを袋状に開き、油抜きする。

3—Aを作る。糸こんにゃく、石づきをとったしめじは粗く刻み、残りのAの材料とともにボウルに入れて混ぜる。4等分して油揚げに入れ、かんぴょうで縛る。

4—Bを作る。切り餅は半分に切ってひとつずつ油揚げに入れ、かんぴょうで縛る。

5—Cを作る。たまごを油揚げに入れ、かんぴょうで縛る（たまごを油揚げに直接割り入れるとこぼれやすいので、一度別の容器に割り入れてから、油揚げに移すとよい）。

6—かぶは茎を2cmほど残して皮をむく（茎の間に土がある場合、水につけて竹串などでこすり落とす）。しめじは石づきの部分を薄く削る。

7—鍋にだしの材料をすべて入れて煮立て、Aの巾着、かぶとしめじを加え、落とし蓋をして20分ほど煮る。BとCの巾着を加え、さらに10分ほど煮る。

油揚げをまな板にのせ、菜箸などをコロコロと転がしてから半分に切って、袋状に開きます。あらかじめ袋状になっているいなりずし用の油揚げを購入しても簡単。

沸騰した湯に入れ、箸でおさえて油揚げが浮かないようにしながら、1分30秒〜2分ゆでて油抜きを。ざるに上げて湯をきり、ぬるま湯か水をかけて粗熱をとったら、ぎゅっと絞ります。

油揚げの口を外側に折り返すと、具が入れやすくなります。たまごを入れる場合は、小さなボウルに油揚げを広げておくと安定します。

ロールキャベツにがんばるおでん

ひき肉の旨味がスープにとけ込み、
スープの旨味がキャベツにしみ込む

ロールキャベツにがんばるおでん

おでんに入っているとうれしいロールキャベツ。準備が大変なので、ならばロールキャベツが中心のおでんを作ることにしましょう！ 味に変化をつけたいときは、だしの味を引き立てる「トマトだれ」を合わせてみてください。

材料（4人分）

だし

- 鶏ガラスープ（P24）……4カップ
- かつお昆布だし（P22）……4カップ
- 塩……大さじ1弱

たね（ロールキャベツは8個分）

- キャベツ……1玉から10枚くらいの葉をむいて使う
- かんぴょう……25cm×8本

A
- 豚ひき肉……450g
- 玉ねぎ……1～2個
- 塩……小さじ1～2
- こしょう……少々
- しょうゆ……小さじ1
- たまご（S）……1個
- パン粉……1～2カップ

- じゃがいも（大）……3個（約450g）
- エリンギ……2パック（約200g）
- はんぺん……1枚
- 薄力粉……適量

お好みで合わせるもの

- トマトだれ（トマト大1個を1cm角に切り、かつお削り節ひとつかみをもみながら細かくして加え、しょうゆ小さじ2を混ぜる）

作り方

1—鶏ガラスープと、かつお昆布だしをとり、同量を合わせて塩を加え、だしを作る。かんぴょう、じゃがいもの下ごしらえをする（P28～29）。

2—ロールキャベツを作る。キャベツは芯をくりぬき、沸騰した湯につけながら葉を10枚ほどむく（左ページ参照）。軸のかたい部分を包丁でそいで厚みを均一にする。

3—玉ねぎはみじん切りにして耐熱ボウルに入れ、蓋かラップをし、電子レンジ600Wで3分加熱して冷ます。

4—ボウルにAのひき肉、塩、こしょう、しょうゆを入れてよく混ぜる。たまご、パン粉、玉ねぎを順に加えながら、その都度混ぜる。

5—キャベツの内側を上にしてまな板に並べる（残りは、キャベツが破れたときに補うのに使う）。ペーパータオルなどで水けをふき、薄力粉をふり、4を8等分して手前にのせ、両サイドを折りたたみながら巻き、中心部分をかんぴょうで縛る（左ページ参照）。

6—鍋に1のだしを煮立て、ロールキャベツ、食べやすく斜めに切り込みを入れたエリンギを入れ、再び煮立ったら落とし蓋をして中火で20～30分煮る。じゃがいもを加えて弱火で10分ほど煮たら、ひと口大に切ったはんぺんを加えてさっと温める。

キャベツは芯をくりぬいた部分を下にして、沸騰した湯の中に入れてやわらかくすると、外葉がはがれやすくなる。上下を返して、トングを使いながら湯の中でむく。

キャベツの内側を上にしてまな板にのせ、茶こしなどで薄力粉をふり、たねを手前にのせます。

かんぴょうでぎゅっと縛ります。

春待ちおでん

春野菜を使って、季節の移り変わりに

春待ちおでん

お花見の頃って、花冷えというくらいに寒く感じたりして、意外にもおでんがおいしいなあと思うのです。春を感じる具材を使って、春待ちおでん、どうでしょう？

材料（4人分）

だし

- 鶏ガラスープ（P24）……5カップ
- かつお昆布だし（P22）……5カップ
- 塩……大さじ1と1/2

たね

- 鶏団子
  - 鶏ひき肉……400g
  - 塩……小さじ1/2
  - こしょう……少々
  - みそ、砂糖……各小さじ1
  - たまご……1個
  - ねぎのみじん切り……7cm分
  - しょうがのみじん切り……小さじ1弱
  - パン粉……大さじ3
- 竹の子（水煮）……1本
- ふき……1束（約300g）
- 新じゃがいも（小）……6〜8個（約300g）
- れんこん（細め）……2節（150〜200g）
- はんぺん……1枚
- 豆腐揚げ（または油抜きしたさつま揚げなど、好みの練り物）……4〜6個

＊豆腐揚げの場合、油抜きはしなくてもよい。

お好みで合わせるもの

- 木の芽、桜の花の塩漬け、柚子こしょう（桜の花の塩漬けは水ですすいで塩を落とし、水に少しつけてから、水けをきって使う）

作り方

1—鶏ガラスープと、かつお昆布だしをとり、同量を合わせて塩を加え、だしを作る。

2—鶏団子の材料をポリ袋に入れ、よくもんで混ぜる。

3—じゃがいもはP28を参照して下ごしらえをする（小さいから半分に切らず、丸ごと使う）。

4—ふきは水でさっとすすいで濡らし、まな板にのせて塩大さじ1（分量外）をふり、手のひらで転がす。フライパンなど口径の広い鍋に湯を沸かし、ギリギリ入るくらいの長さに切ったふきを塩がついたまま入れ、3分ほどゆでて冷水にとる。皮は先端から5cmほど一周むいてから、まとめてつかみ、一気に引いて全部むく。6〜7cm長さに切る。

5—れんこんは皮をむいて2cm厚さに切る。竹の子、はんぺんは食べやすい大きさに切る。

6—鍋に1のだしを煮立て、2の鶏団子のポリ袋の端を切り、食べやすい大きさに絞り出して丸めながら加える（左ページ参照）。火が通って浮き上がってきたら、れんこん、竹の子、豆腐揚げ、じゃがいもを順に加えて10分ほど煮る。最後にふき、はんぺんを加えてさっと温める。

＊時間に余裕があれば、ふきを温めたところで火を止め、冷ますと味がしみる。はんぺんは食べる直前に温めるタイミングで加える。

ふきは皮をむくのに手間がかかるので、なるべく長いままゆでて、一気に皮がむけるようにします。その後、食べる長さにカット。

鶏団子のたねは、ポリ袋に入れて作るのが簡単。袋の端を切って、たねを絞り出します。

手のひらにのせて丸めながら、鍋の中に加えていきます。

串刺しおでん

串に刺さっているだけで
なんだかウキウキしてしまう

串刺しおでん

串に刺したおでんはみんなが手にとりやすくて、人が集まるときにぴったり。具の大きさをひと口大にそろえて、食べやすくしました。火の通りが早いものばかりなので、ちょっと濃いめのだしで味つけしています。

材料（4人分）

だし

- 鶏ガラスープ（P24）……4カップ
- かつお昆布だし（P22）……4カップ
- 塩……小さじ2
- 薄口しょうゆ……大さじ1

たね（串刺し 各4本分）

A（ちくわとちくわぶ）
- 細ちくわ……2本
- ちくわぶ……1本

＊ちくわとちくわぶの太さが近いと作りやすい。

B（うずらとボール）
- うずらたまご（ゆでたもの、または水煮）……8個
- ボール……8個

＊うずらたまごのゆで方……鍋にうずらたまご、ひたひたの水を入れて火にかけ、沸騰後3分を目安にゆでる。水にとって冷ましてから殻にひび入れ、水の中で殻をむく。

C（玉こんにゃく）
- 玉こんにゃく……16個

D（ほたてとパプリカ）
- ベビーほたて……8個
- 黄・赤パプリカ……各1/2個

E（ウインナー）
- ウインナー……4〜6本

- ちんげん菜……2株

お好みで合わせるもの

- 練りがらしマヨしょうゆ（マヨネーズ大さじ4〜5に、好みの量の練りがらし、しょうゆ小さじ1〜2に粗挽き黒こしょうを混ぜる）

作り方

1—鶏ガラスープと、かつお昆布だしをとり、同量を合わせて塩、薄口しょうゆを加え、だしを作る。

2—玉こんにゃくはP30の通りに下ごしらえをし、ボールはP31の通りに油抜きをする。ちんげん菜は縦横2等分に切る。

3—ちくわぶは長さを8等分に切り、ちくわは1本につき長さを4等分に切る。パプリカは2〜2.5㎝角に切る。ウインナーは斜めに1本切り込みを入れる。左ページを参照し、A〜Eの串を作る。

4—鍋に1のだしを煮立て、A〜Dの串を加えて15〜20分煮る。最後にEの串、ちんげん菜を加えてさっと温める。

＊時間に余裕があれば、Cの串だけ先に煮始めると味がしみる。

ちくわぶとちくわは、同じくらいの大きさに切って、そろえて串に刺します。

右上から時計回りに、ほたてとパプリカ、ウインナー、うずらとボール、玉こんにゃく、ちくわとちくわぶ。

肉おでん

かたまり肉を入れて
ボリュームのあるおでんに

肉おでん

あるとき、ゆで豚を作ったあとのゆで汁がおいしいことに気がつきました。洋風のイメージが強い肉のゆで汁ですが、豚肉と相性のいい昆布やいりこを加えたら、和風ポトフのおでんができました。じっくり味をしみ込ませたいので、少し時間に余裕がある日に作ってみませんか。

材料（4人分）

だし

- 豚肩ロースブロック肉……500～600g
- 昆布（だし用）……8×15cm
- いりこ……10尾

たね

- 大根……1/3本（300～400g）
- たまご……6個
- ボール……1袋（10～12個）
- にんじん……2本
- 細ねぎ……10本くらい

お好みで合わせるもの

- 粒マスタード、柚子こしょう

作り方

1—豚肉は水けをペーパータオルなどでおさえ、500gあたり小さじ1の塩（分量外）をすり込んで2時間以上、できればひと晩おく。

2—大根は2cm厚さの半月切りにし、P32を参照して下ごしらえをする。たまごはP30の通りにゆでて殻をむく。ボールはP31の通りに油抜きをする。

3—にんじんは皮をむいて長さを半分に切り、太い部分は縦半分に切る。細ねぎは4～5cm長さの斜め切りにする。

4—鍋に1の豚肉、昆布、水2ℓを入れ、強火にかける。沸騰したらアクをとり、昆布を肉の上にのせ、頭と内臓をとり除いたいりこを加え、中火で20分ゆでる。ゆで汁の味をみて塩（分量外）で調えたら、にんじん、大根、たまごをいったんとり出して、2～3cm角に切った昆布を加え、さらに弱火で20分煮る。最後にボールを加えて温める。火を止めて冷まし、味をしみ込ませる。

5—豚肉をとり出して食べやすい厚さに切り、鍋に戻して温め、細ねぎをのせる。

豚肉に塩をすり込み、2
時間〜ひと晩おきます。

ていねいにアクをとると、おいしいスープに。

肉が乾かないように、昆
布で落とし蓋をします。

夏の冷やしおでん

夏野菜をたっぷり入れて。
ひんやりが
食欲をそそります

夏の冷やしおでん

トマトとだしの組み合わせは相性バツグンで、夏の疲れも吹き飛ばしてくれます。冷蔵庫で半日ほど冷やしながら、だしの味をしみ込ませましょう。夏野菜もたっぷりとれる冷たいおでんは、一度食べたらきっと定番に！　薬味的なトッピングをそろえるのもおすすめです。

材料（4人分）

だし

- かつお昆布だし（P22）……1.5ℓ
- 塩……小さじ2
- 薄口しょうゆ……大さじ1/2

たね

- トマト（ミディサイズ）……4〜6個
- ズッキーニ……1本
- 冬瓜……1/6個（約300g）
- とうもろこし……1本
- 鶏ささみ……4本
- 塩……小さじ1/3

好みで合わせるもの

- 刻み塩昆布＋ごま
- 青じそ（7〜8枚を刻んで水にさらしてから水けをきる）
- 青唐しょうゆ（青唐辛子4本を刻んでしょうゆ大さじ2を混ぜる）

作り方

1―かつお昆布だしをとる。ささみは塩をふる。

2―トマトは包丁の先でへたをとり、反対側に十文字の切り込みを入れる。ボウルに氷水を用意する。鍋に湯を沸かしてトマトをひとつずつ入れ、20〜30秒で引き上げ、氷水にとって一気に冷まし、皮をむく。

3―ズッキーニは縦横2等分に切る。冬瓜は皮をむいて大きめの乱切りにする。とうもろこしは皮をむき、長さを4等分に切る。

4―鍋にだしの材料をすべて入れて煮立て、冬瓜を加えて10分ほど煮たら、ささみ、ズッキーニ、とうもろこしを加えてさらに10〜15分煮る。トマトを加え、火を止める。冷めたら冷蔵庫に入れ、6〜7時間おいて味をしみ込ませる。

トマトはへたの部分に包丁の刃先を入れて、くるりと回してへたをとり、反対側に十文字の切り込みを入れます。

ひとつずつ湯の中で温めたら、氷水で一気に冷やすと皮がむきやすくなります。

冷蔵庫で冷やすときは、たっぷりのだしの中に具がひたっている状態にしておきます。

にほん全国、ふるさとの味探訪

ご当地おでん

地域によって、味つけや具材に違いがあるのが、おでんのおもしろいところ。おでんの鍋の中をのぞけば、その土地らしさを感じることができます。コラムでは、いつか食べたいご当地おでんを紹介するとともに、3人のおでん好きさんに、ふるさとのおでんについて語っていただきます。

青森しょうがみそおでん

串に刺したたねに、しょうがみそをかけて食べる青森おでんは、戦後、青森駅周辺の屋台から始まったと言われている。大角天という、薄くて四角いさつま揚げは青森ならでは。根曲がり竹を入れることも多い。

写真提供／青森おでんの会

静岡おでん

駄菓子屋さんで買うのがおなじみだった静岡おでんは、食べた串の本数を数えてお会計をする。牛すじや豚もつでとっただしは、つぎ足し続けるため黒い色に。黒はんぺん入りで、だし粉と青のりをふりかけて食べる。

写真提供／静岡おでんの会

金沢おでん

おでん文化の盛んな金沢では、一年中おでんを食べる。ばい貝、車麩、赤巻（かまぼこ）など、特徴のあるたねが多く、とくに、甲羅にかにの身などを詰めた「かに面」は、冬の一時期の贅沢として金沢おでんの名物。

写真提供／金沢市

名古屋みそおでん

土手焼き（土手煮）から発展したという説があり、伝統的な豆みそ（赤みそ）を使うためこってりした色合いに。砂糖を入れるのが一般的で甘みがある。だしとしょうゆで煮込み、みそだれをかけるパターンも。

写真提供／なごやめし普及促進協議会

姫路おでん

薄味のだしで煮て、しょうがじょうゆをかけて（つけて）食べる。昭和の初期にはこの食べ方が親しまれていたとか。牛すじが入るのが王道で、ねぎを散らす傾向。たこ、ごぼ天、焼き豆腐なども人気のたね。

写真提供／姫路おでん普及委員会

香川おでん

讃岐うどん店のすみっこに、うどんのだしを使ったおでんが一年中並んでいる。うどんができるのを待つ間、すぐに食べられるものを……とおでんが出されるようになったという説が。からし味噌をつけて食べるのも特徴。

写真提供／（公社）香川県観光協会

松江おでん

「おでんの街」とも呼ばれる松江には、おでん屋さんがいっぱい。あごの澄んだだしで、せりや春菊などの青菜が入ることが多い。たねが大きい傾向で、名物の野焼き（あごのすり身の練り物）、つみれ、豆腐が人気。

写真提供／（一社）松江観光協会

長崎おでん

かんぼこ（＝練り物）をたくさん食べる長崎では、おでんにも、練り物がいっぱい。中でも、ゆでたまごをいわしのすり身で包んだ「竜眼」が名物。だしはあごだし、添えるのは柚子こしょう、シメには五島うどんが定番。

写真提供／長崎蒲鉾水産加工業協同組合

沖縄おでん

沖縄らしくテビチ（豚足）のほかに、ソーキ（豚スペアリブ）やソーセージを入れるのがおなじみ。小松菜やレタスなどの青菜もよく入っている。家庭料理というより、飲み屋さんが出す料理として広まった。

写真提供／沖縄ラボ

［番外編］上海　关东煮

「出張先の上海で、おでんと出会いました。食料品店の店頭で売られていたもので、カップに入れて食べ歩くスタイル。オレンジ色のストライプで派手な練り物にはひき肉あんが入っていたり、手前のひもみたいなぐるぐるは、干し豆腐をリボン状にして巻いたもの。ピリ辛のたれをかけて食べます」

ふるさとおでん1

岐阜

minokamoさんのみそ煮込みおでん

レシピのポイント
かつおだし(約1ℓ)とみりん(約60mℓ)にしょうがも加え、まずは大根と里いもを煮る。少し火が通ったら、こんにゃく、鶏むね肉、油揚げ、ゆでたまご、豆腐、赤みそ(約100g)を入れて弱火でコトコト1時間。いちど冷まして味をしみ込ませる。

うどんで締めるのが最高の、みそ味おでん

みのかも（以下み）　私の地元の美濃加茂市のあたりでは、おでんはみそ味です。だいたい鶏肉と里いもが入っていて、里いもは、地元の人が作っているからポイッと入れたのかなあ。同じ岐阜でも、みそおでんじゃない地域もあります。

枝元（以下え）　岐阜にはしょうゆ味のおでんもあるんですよね。以前、川筋で違うと聞いたことがあります。

み　近いので、名古屋の食文化と似ているところがあり、何かとみそ料理が多いです。チキンカツにも甘みそがかかっていたり。おでんは、岡崎の郷土料理「煮味噌」に近い味噌で煮込むものや、仕上げに甘味噌だれをかけるものがあります。

え　みそは何を使っているんですか？

み　私は八丁味噌と、自分で作った赤みそを半々で入れます。

え　では、いただきま〜す。……すっごいうまい！　まずはだしから。

み　よかった！　私のおでんには砂糖は入れないんですよ。そのほうがだしの味が出る気がして。地元のお母さんたちはけっこう砂糖を入れていたと思う。実家のにも入っていましたね。でも、自分が大人になると、だしの味、素材の味がいいなあと思って、みりんだけにしてみたら、いけるじゃんって。

え　里いももいいっすね。みそおでん、最高。私、子どもの頃、おでんはごはんのおかずにならないと思っていたんですよ。でも、このみそおでんならごはんが進みそう。

み　うれしいなあ。ここにうどんを入れるのが、またおいしいんですよ。子どもの頃から好きでした。あとはだいたい翌日の朝ごはんは、おでんの残りとおにぎりなんです。おでんは具の入ったみそ汁みたいな感覚。

え　大根も最高。こんにゃくもおいしい。これ、みそに合わせるベストメンバーじゃないですか？

み　また、揚げがいいのよね！　みそ味がしみ込んで……。そういえば練り物はあまり入れないんですよね。おうちによっては、豆腐じゃなくて厚揚げを入れる方もいます。

え　（鍋の中をのぞきながら）これはたまご？　里いも？

み　たまごです。もうぜんぶ茶色の世界だからわからないよね（笑）。

minokamo
料理家・写真家／「ごはんで町を元気に」をテーマに、地の食材を生かした料理を提案するほか、各地の郷土料理を取材。著書に『ふるさと雑穀のっけごはん』がある。

みそは自家製と八丁味噌

自家製の赤みそは毎年3kgを木桶に仕込み、2年ほど熟成させています。ほか、愛知県岡崎市で造られる「カクキュー」の八丁味噌を愛用。

しめは、手打ちうどん!

うどんはこねてまな板に延ばすところまで作り終え、ラップをかけておきます。食べる寸前に切ってゆでたら、おでん鍋の中へ投入。

おでんと熱燗がセット

おでんを作るのはシーズンに2〜3回。熱燗気分のときに作りたくなるそうです。友人から譲り受けた火鉢でお燗をつけるのが風物詩。

気分でおちょこを選ぶ

たくさんのおちょこは出張先で少しずつ買いそろえたもの。その土地のことを思い出しながら、その日の気分でおちょこを選んでいます。

きのこのXO醤

材料（作りやすい分量）

- エリンギ……200g
- えのきだけ……200g
- にんにく、しょうが（ともにみじん切り）……各大さじ1と1/2
- ほたて水煮缶（ほぐれているもの）……小2缶
- 紹興酒（または酒）……大さじ2～3
- オイスターソース……大さじ2
- ナンプラー……大さじ1～2
- 豆板醤……大さじ1
- ごま油……適量（約1カップ）

作り方

1―エリンギは2cm長さぐらいの細切りにする。えのきだけは石づきを切り落とし2cm長さに切ってほぐす。

2―フライパンにごま油大さじ3～4、にんにく、しょうがを入れ、香りが立つまで中火で2～3分熱する。1を入れてしんなりするまで炒める。ほたての貝柱を加え（汁はとっておく）、ほぐしながら炒める。

3―豆板醤を加えて混ぜてから、紹興酒、ナンプラー、ほたて缶の汁を順に加えて混ぜ合わせる。ごま油1/2カップほどを加え、途中3～4回混ぜながら弱火で10分ほど、じくじくと水分を抜くような感じで油の中で煮詰める。

4―オイスターソースを加えて混ぜ、火を止めて冷ます。ちょうどいい大きさの保存容器に入れて、ごま油をひたひたに加える。

＊冷蔵庫に入れて、2週間ほど保存可能。

ごはんのおともになるほか、豆腐にのせたり、あえ物に加えたり。持ち寄るときは包装紙の再利用などで包み、マスキングテープでぐるぐる巻いてとめます。

大人のおでん

自家製つみれおでん

手作りしたつみれのおいしさを味わう

自家製 つみれ おでん

新鮮な青魚が手に入ったら、手作りのつみれが主役のおでんを作りましょう。つみれから旨味が出るから、シンプルな昆布だしで簡単に。つぶ貝も入れて海の幸を楽しみます。

材料（2〜3人分）

だし

- 昆布（だし用）……8×20cm
- 塩……大さじ1
- 薄口しょうゆ……小さじ1〜1と1/2

たね

つみれ

- あじ（三枚おろし）……350g（約4尾分）（またはいわし、さんまでも）
- 梅干し……1〜2個
- ねぎ……8cm
- 片栗粉……大さじ2〜3

- つぶ貝（刺し身用）……120g
- 大根……1/4本（約200g）
- 里いも……4個（約250g）
- 昆布（早煮）……約25cm長さ×4枚

＊幅は手に入った昆布のなりゆきで。

お好みで合わせるもの

- 粉山椒、柚子こしょう、七味唐辛子など

作り方

1―昆布だしをとる。鍋に水2ℓと昆布（だし用）を入れて20分以上おく。中火にかけてゆっくり煮て、昆布からふつふつと小さい泡が立つくらいに温まったら、昆布を引き上げる。

2―大根は2cm厚さのいちょう切りにし、P32を参照して下ごしらえをする。里いもは皮付きのまままよく洗い、半分に切る。耐熱ボウルなどに入れ、蓋かラップをし、電子レンジ600Wで5分ほど加熱する。粗熱がとれたら皮をむく。昆布（早煮）はP30を参照して結び昆布を作る。

3―つみれを作る。あじは皮を引き、小骨をすきとって粗くたたく。梅干しは種をとり除いて包丁で叩き、ねぎはみじん切りにする。すべてボウルに入れ、片栗粉を加えて混ぜ、直径3cmに丸める。

4―つぶ貝は竹串に刺す。

5―1のだしを煮立て、塩、しょうゆ、大根、結び昆布、つみれを入れ、つみれが浮き上がってくるまで煮る。アクがあればとり、つぶ貝、里いもを加えて10分ほど煮る。

臭みのないつみれを作るポイントは、梅干しを入れること。味が引き締まる効果もあります。

この材料の分量で、12〜16個のつみれが作れます。

里いもの皮は、電子レンジで加熱してからのほうが、ぬめりがとれて、むきやすくなります。

焼き大根といかのおでん

香ばしい大根をしみじみ味わう。
3品だけのシンプルおでん

焼き大根といかのおでん

いかと大根という王道の組み合わせを、おでんにしてみました。大根は下ゆでをする代わりに、じっくりと焼くことで火を通してから煮ます。大根の香ばしさと、スープに広がるいかの旨味がたまらない、シンプルおでんです。

材料（2～3人分）

だし

- かつお昆布だし（P22）……1.5ℓ
- 塩……大さじ1/2
- しょうゆ……大さじ1と1/2～大さじ2

たね

- 大根……2/3本
- するめいか（細め）……2杯
- こんにゃく……1枚
- 油……小さじ1

お好みで合わせるもの

- おろししょうが

作り方

1―かつお昆布だしをとる。

2―大根は8等分の輪切りにする。皮を厚めにむき、両面に細かい格子状の切り込みを入れる（大変だったら、片面は十文字の切り込みでもよい）。

3―いかは内臓を抜き、足は食べやすく切り分け、胴は1.5cm幅くらいの輪切りにする。

4―こんにゃくはP30を参照して下ごしらえをし、4等分の三角に切る。

5―フライパンに油を入れて中火でしっかり熱し、大根を並べ入れる。強火～強めの中火で両面を焼く（片面につき5～6分かけて焼き色をつける）。

6―鍋にだしの材料をすべて入れて煮立て、大根、こんにゃくを加え、上にいかをのせて30分ほど煮る。

格子状に切り込みが入った状態。

大根を焼くときは、できれば鉄のフライパンを使うと、しっかりとした焼き色がつきやすいです。

焼きなすのおでん

とろける焼きなすを、おでんの主役に。
冷やしても温めてもおいしい

焼きなすのおでん

夏から秋にかけて、大人好みの野菜を使ったおでんはいかがでしょうか。煮込み時間が少ないぶん、味をしっかりしみ込ませるために冷蔵庫で冷やします。そのまま冷やしおでんとして食べてもいいし、再度温めて食べてもおいしい。

材料（2〜3人分）

だし

- かつお昆布だし（P22）……4カップ
- 塩……小さじ1/2
- しょうゆ……大さじ1〜1と1/2
- みりん……大さじ1

たね

- なす……6〜8本
- 甘長唐辛子……4〜6本
- 谷中しょうが……4本
- 厚揚げ（小角サイズ）……1丁分

好みで合わせるもの

- おろししょうが、大根おろし、粉山椒、みょうが（縦半分に切ってから斜め薄切りにし、水にさらして水けをきる）

作り方

1—かつお昆布だしをとる。厚揚げはP31の通りに油抜きをする。

2—なすはがくにくるりと一周包丁を入れて、ひらひらした部分を切り取り、切り込みを縦に1本入れる。魚焼きグリルかオーブントースターで、ときどき上下を返しながら10〜12分焼く。ボウルに入れ、蓋をして蒸らしながら粗熱をとり、皮をむく。

3—甘長唐辛子は切り込みを縦に1本入れて、なすと一緒に、こちらは5分を目安に焼く。

＊甘長唐辛子に切り込みを入れるのは味をしみ込みやすくするため。

4—鍋にだしの材料をすべて入れて煮立て、谷中しょうが（大きければ縦半分に切る）、厚揚げを加えて5分ほど煮る。火を止め、なす、甘長唐辛子を加えてそのまま冷まします。冷蔵庫で冷やしながら味をしみ込ませる（1時間以上が目安）。

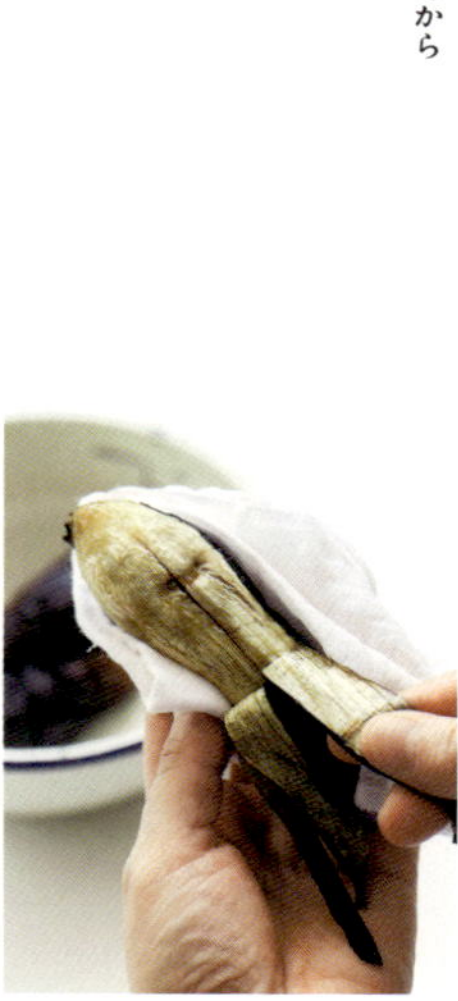

焼いたなすの粗熱がとれたら、切り込みを入れたところから皮をむきます。

冷蔵庫で1時間以上、冷やしながら味をしみ込ませます。

しいたけ えびしんじょ のおでん

銀杏や生麩も入れて
渋好みのおでんに

しいたけ えびしんじょの おでん

しいたけの肉厚の食感とえびの風味は、おでんにきっと合う。そう思って作ってみました。かつお昆布だしに、しいたけとえびの旨味が広がって、品のいい味に。その味を吸い込んだ生麩がまた絶品なのです。

材料（2～3人分）

だし

- かつお昆布だし（P22）……6カップ
- 塩……小さじ2/3
- 薄口しょうゆ……大さじ1/2

たね

- 生しいたけ（大きめ）……6個
- えびしんじょ
  - むきえび……250g
  - ねぎの粗みじん切り……8cm分
  - 酒……大さじ1/2
  - 塩……小さじ1/3
  - こしょう……少々
  - 片栗粉……大さじ2
- 生麩……1個
- 魚のつみれ……1パック（4～6個）
- 細ちくわ……4本
- グリーンアスパラガス……4本
- むき銀杏……20粒くらい
- 白いりごま（好みで）……少々

作り方

1―かつお昆布だしをとる。

2―えびしんじょを作る。えびは塩水の中ですすぎ、ペーパータオルなどで水けをおさえ、包丁で叩いてミンチ状にする。ボウルにしんじょの材料すべてを入れて練り混ぜ、6等分する。

3―しいたけは軸を切り、好みで飾り切りをする（左ページ参照）。かさの内側を上にしてまな板に並べ、片栗粉（分量外）をふる。えびしんじょをのせ、押し付けるようにしながらこんもりと表面を丸く形づくる。好みで白ごまをふる。

4―アスパラガスは根元のかたい部分をピーラーで薄くむき、ちくわに詰めてから、長さを半分に切る。生麩は4等分に切る。銀杏は細めの竹串に刺す。

5―鍋にだしの材料をすべて入れて煮立て、3を加えて再び煮立ったらアクをとり、残りの材料を加え、さらに10～15分ほど煮る。

しいたけの飾り切りは、包丁でV字形に切り込みを入れます。3本の切り込みを入れて花のようにするほか、2本の切り込みを入れて十文字にしても。

しいたけのかさの内側に、茶こしなどを使って片栗粉をふると、えびしんじょがはがれにくくなります。

しいたけにえびしんじょをのせたら、押し付けるようにしながらこんもり丸く仕上げていきます。

ふるさとおでん2

青森

山中とみこさんのしょうがみそおでん

レシピのポイント

鍋に昆布といりこでだしをとり、しょうゆ、串に刺したこんにゃく、さつま揚げ、ゆでたまごを入れて温める。小鍋に酒とみりんを煮立て、赤みそを入れて混ぜ、火を止めて冷ましてから、おろししょうがをたっぷり加えてつけだれにする。

海水浴場で食べた、思い出のおやつおでん

山中（以下や） 私の知るところでは、青森にはおでんが2種類あるんです。家で食べるのは、普通のしょうゆ味のおでんでした。こんなふうにしょうがみそのたれをつけて食べるのは、行楽地で売っているおでんだったの。感覚的には、おやつおでんみたいなものですね。

枝元（以下え） そうだったんですね。青森だけど、つぶ貝は入れないんですか？

や つぶ貝は、普通のおでんに入ってました。もともと長い串に刺して売っているんですけれど、子どもの頃はちょっと苦手でしたね。

え では、いただきます。わ〜、しょうががきいてる。おいしい！

や このおでんは私にとって、子ども時代の夏の思い出の味なんですよ。青森ではそもそも海水浴ができるのって、1週間くらいなんですけれど、海で泳いであがってくると寒いから、海の家で売っているのがかき氷じゃなくて、おでんだったの。それがすっごくおいしく感じたんですよね。

え だから食べやすく串に刺してあるんですね。そして、体を温めるために、しょうががたっぷり。

や 結婚してから自分でも作るようになって。このおでんのときは、おにぎりを合わせるのが定番でした。どちらも手で食べやすいでしょう。家で飲み会をするときに、作ることもありました。事前に作っておけるし、子どもも楽しく食べられるし。

え 串に刺してあるだけで、なんか楽しいですよね。だしは何でとっているんですか？

や 青森のだしは、昆布と煮干しなんですよ。たれをつけて食べるから、しょうゆは少しだけ入れて薄味です。

え こんにゃくがいいですねえ。

や 私もこんにゃくが好きでした。あとは、昔はおでんだね屋さんがあって、そこで練り物を買っていたけれど、いまはなくなっちゃったでしょう。だからあんまり作らなくなりました。先日、孫が来るときに久々に作ったんです。やっぱり人が集まるときに、おでんはいいですね。

山中とみこ
布作家／大人の普段着のレーベル「CHICU＋CHICU 5/31」を展開。不定期でギャラリー＆ショップ「山中倉庫」をオープン。著書に『時を重ねて、自由に暮らす』がある。

みそだれの材料

酒とみりん（各100㎖）、赤みそ（約120g）、おろししょうが（1個分）。しょうがをきかせるため、おろしたてを食べる直前に加えます。

おでんには焼きおにぎり

おでんに合わせるおにぎりは、手で持つときにごはん粒が指につかないよう、こんがり焼いて外側をカリカリに。この日の具は鮭でした。

ごはん炊き用の土鍋がぴったり

おやつおでんを作るときは、口径が小さくて深さのある炊飯用の土鍋を使うと、串に刺したおでんがおさまりやすいそうです。

たれにつけてから食べる

串に刺したおでんを、しょうがみそだれにつけてから食べます。深さもあって、お皿に注ぐこともできる片口の器を使って。

持ち寄り副菜

らっきょうじょうゆ

材料（作りやすい分量）

•らっきょう（泥を洗って薄皮をむき、根を切り落としたもの）……100g以上

＊またはエシャレット、のびる、行者にんにくでも（乾燥していなければ緑の葉の部分も使い、根があれば切り落とす）

•しょうゆ、酢、ごま油……各適量

作り方

らっきょうは粗みじんに切り、保存容器に入れ、ひたひたのしょうゆをそそぎ、酢とごま油各少々をたらす。

＊冷蔵庫に入れて、2ヶ月ほど保存可能。

らっきょうじょうゆは、ごはん、納豆、肉や魚などにかけます。満月たまごは、炊きたてごはんにのせたり、そのまま酒肴にしたり。

満月たまご（卵黄のしょうゆ漬け）

材料（6個分）

•たまご……6個

•しょうゆ……70～100mℓ

＊6個以上作る場合は量を減らす

作り方

1―たまごは殻付きのままポリ袋に入れてひと晩冷凍する。冷凍庫から出してさっと水をかけ、殻をむいたら20～30分おく。

2―白身がとけてきたら、スプーンで卵黄をとり出す（白身はとっておき、みそ汁や炒め物などに使う）。

3―小さめのファスナー付きポリ袋に取り出した卵黄、しょうゆを入れて3時間以上おく。2～3日中に食べ切る。

おいそぎお気楽おでん

鶏スペアリブの10分煮おでん

素材の旨味を生かして
だしをとる手間を短縮

鶏スペアリブの10分煮おでん

疲れていても、おいしいおでんで温まりたい……なんて日は、素材の旨味を生かした時短レシピを。鶏スペアリブをはじめ、昆布やいりこを使って、簡単でも深みのある味わいに仕上げます。この際、練り物の油抜きも省いてしまいましょう。

材料（2〜3人分）

だし

- 鶏スペアリブ（手羽中・細め）……12本くらい（300〜350g）
- 昆布（だし用）……8×15cm
- いりこ……8本
- 塩……適量

たね

- じゃこ天（またはさつま揚げなど好みの練り物）……3〜4枚
- 根三つ葉……1束

お好みで合わせるもの

- 柚子こしょう

作り方

1―スペアリブは水けをペーパータオルなどでおさえ、塩小さじ2/3をもみ込む。

2―鍋に水6カップ、昆布、頭と内臓をとり除いたいりこ、スペアリブを入れて強めの中火にかける。沸騰したら昆布を引き上げ、アクをとる。昆布は半量程度をキッチンばさみで食べやすく切り、鍋に戻す。

3―じゃこ天を加え、味をみて塩少々で調え、弱火で10分煮る。根三つ葉は長さを3〜4等分に切って加え、さっと煮る。好みで柚子の皮を散らす。

スペアリブに塩をもみ込むときは、ポリ袋を使うのが簡単。手早くなじませることができます。

鍋にだしの材料を順に入れて、強めの中火にかけていきます。

アクをしっかりとると、おいしいスープに。シメは細めのうどんやそうめん(ともにゆでたもの)を入れて、さっと温めるのがおすすめです。

みそおでん

人気のたねだけを、みそだれで食べる

みそおでん

3品ならば作れそう！ そんなふうに勢いよく、パッと支度ができちゃうおでん。子どもも大人も大好きな魚肉ソーセージに、ちくわと大根という鉄板セレクトです。甘みそにつけて食べるから、だしにもこだわらなくて大丈夫。

材料（2～3人分）

だし

- 昆布茶（粉末）……小さじ1

＊なければ昆布だし（P74参照・約半量）をとるか、顆粒のだしを使っても。

たね

- 大根……12cm（300～400g）
- 細ちくわ……1袋（4～5本）
- 魚肉ソーセージ（細め）……1袋（4～5本）

みそだれ

- 卵黄……1個分

A
- みそ……大さじ4～5
- 砂糖……大さじ3
- 酒、みりん……各大さじ3

お好みで合わせるもの

- 七味唐辛子

作り方

1―大根は皮をむき、縦6等分の棒状に切る。P32を参照して下ごしらえをする。

2―ちくわは縦半分に切る。

3―1、2、ソーセージをそれぞれ竹串に刺す。

4―Aを耐熱ボウルに入れて混ぜ、ラップをせずに電子レンジ600Wで2分30秒加熱して、みそだれを作る。器に入れ、卵黄を落とす。

5―鍋に水4～5カップと昆布茶を入れ、3を加えて温める。卵黄を混ぜたみそだれにつけながら食べる。

＊4の器を鍋の中心に沈めてもよい（P98の写真のように）。

大根は串に刺しやすいよう細長く切ってから、電子レンジで下ごしらえを。

ちくわは、串で縫うように刺していきます。

みそだれは、ラップをかけずに電子レンジで加熱して、酒やみりんのアルコールをとばします。

鯖缶おでん

鯖缶のおいしさをおでんに。
焼き豆腐やうずらたまごなど、
さっと煮えるものを合わせて

鯖缶おでん

ストックのきく鯖の缶詰とうずらたまごの水煮を使った、お手軽おでん。だしも顆粒などを使えば、より簡単に作ることができます。ねぎをたっぷりのせるのがおすすめです。

材料（2〜3人分）

だし

- かつお昆布だし（P22）……1ℓ
  ＊または顆粒のだしを使っても。
- 塩……小さじ$\frac{1}{2}$
- しょうゆ、みりん……各大さじ2と$\frac{1}{2}$

たね

- 鯖缶（水煮）……1缶
- 焼き豆腐……1丁
- 大根……6cm（150〜200g）
- うずらたまご（水煮）……1パック（6個）
- しょうがの薄切り……3〜4枚
- 細ねぎ……6本

お好みで合わせるもの

- おろししょうが

作り方

1—かつお昆布だしをとる。

2—大根は1cm厚さの輪切りにし、P32を参照して下ごしらえをする。豆腐は食べやすい大きさに切る。

3—鍋にだしの材料をすべて入れて煮立て、しょうが、大根、豆腐、鯖缶、うずらたまごを順に加え、15分ほど煮る。

4—斜め切りにした細ねぎをのせる。

缶詰と水煮だから、買い置きができます。

だしを煮立て、すべてのたねを順に入れたら、煮込み時間は15分です。

買ってきたおでん自分流

すでに出来上がっている市販のおでんに、自分の好きなたねや青菜を足したら、さらにおいしく食べられます。

市販品に、少しだけ材料を足して作ります。

材料（2人分）

だし&たね

- 市販のおでんセット……2人分（スーパーの袋詰め、コンビニおでん、おでん屋さんの持ち帰りなど）

+するもの

- はんぺん……1枚
- 小松菜……1/2束（約100g）
- 揚げベーコン串（2個分）
  - 油揚げ……2枚
  - ベーコン……2枚

作り方

1―はんぺんは食べやすい大きさのそぎ切りにする。小松菜は長さを2〜3等分に切る。

2―油揚げは短辺を半分に切る。2枚の間にベーコンを挟み、竹串で縫うように刺す。

3―鍋に市販のおでん、1、2を入れて温める。

ふるさとおでん3

兵庫

コヤマタカヒロさんの手羽先入りおでん

レシピのポイント
牛すじは下ゆでして水で洗い、手羽先は焼いてから水で洗って、できるだけ脂を落としてから使う。だしはヒガシマルの「うどんスープ」で、肉類、大根、たこ、こんにゃくを入れて長めに煮込み、練り物などを加えて少し煮る。味をみて、めんつゆを足す。

PEPPER
天日塩使用
250g

3世代で作り続ける、手羽先入りおでん

枝元（以下え）　わ〜っ、牛すじも手羽先も入るなんて太っ腹！

コヤマ（以下コ）　うちの母が嫁いだときから、父の実家では祖母がこのおでんを作っていたらしいです。

え　兵庫のどちらですか？

コ　宝塚です。でも、手羽先を入れるのがどこルーツなのかは、一度調べてみたんだけれど、わからなかったですね。実家のおでんには、コロとさえずり*も入っていました。

え　コヤマさんはいつから自分でおでんを作るようになったんですか？

コ　大学時代ですね。友だちに「うちのおでんは手羽先が入っている」と話したらめずらしがられて。僕のひとり暮らしの部屋に友だちを集めて作ったのが最初でした。

え　このおでんは男子にはたまらないっすよね。たねもいっぱい！

コ　たねは10種類は入れます。揚げ物（練り物）が好きなんですよねぇ。10代の頃、一時期、福岡に住んでいたんですけれど、そのときに初めて餃子巻きを食べて「何コレ？　おいしい！」ってなりましたもん（笑）。つい最近、長年、通っていたおでんだね屋さんが店じまいしちゃったので、今回、初めて戸越銀座商店街のたね屋さんで買いました。

え　そんな遠くまで。

コ　楽しいですよ。商店街に焼き小籠包のおいしい店も見つけて、これからはそこでの食事とセットで通おうかと。ツアーみたいなもんです。

え　おでんレジャーですね！　あっ、娘さん帰ってきた。一緒に食べましょう。いただきま〜す。んー、やっぱりいろんなものから、だしが出てる！

コ　僕がおでんを作るのは年に1〜2回なんですけれど、この量を1週間かけて食べます。初日は主菜で、後半になるに連れて副菜に。だいたいたねを買いすぎているので、初日に入らなかった分を足しながら。

え　もう宝鍋かと思うくらいぜんぶおいしいです。厚揚げもしみてる。

コ　厚揚げは後半戦の主役です！　地味なんだけれど、大人になると厚揚げのよさがわかりますね。

＊コロは鯨の皮を揚げて乾燥させたもの。さえずりは鯨の舌の部分。ともに関西でよく使われていた食材。

コヤマタカヒロ
デジタル＆家電ライター／「家電スタジオ・コヤマキッチン」を構え、生活家電やデジタルガジェットにまつわる記事を執筆。料理好きな三女の父。米・食味鑑定士。

たねを買うところから楽しむ

福岡在住の頃に出会った「餃子巻き」は必須。ほか、しょうが入り、何個いくらで手頃に買えるボールなどを選ぶことが多いそうです。

だしはヒガシマル！

だしは塩系でヒガシマルの「うどんスープ」。これだけだとたねの味に負けるから、少しめんつゆを足します。煮詰まったら水を足して調整。

手羽先は焼いてから入れる

手羽先には切れ目を入れて、少なめのごま油で焼き色をつけるという、母に教わった方法をまじめに実践。水洗いして脂を落としてから使います。

調味料で味変して食べる

おでんが何日も続くので、調味料で味変しながら。米沢でのみ買える一味唐辛子、九州時代に覚えた柚子こしょうや明太マヨネーズ、食べるラー油など。

持ち寄り副菜

焼きいものシナモンホイップ添え

材料（4人分）

- さつまいも……4本（400〜500g）
  *安納いもやシルクスイートなどのしっとり系の柔らかいいもが向いている。
- 生クリーム……200mℓ
- 砂糖（あればきび砂糖やココナッツ・シュガーなど）……大さじ3
- シナモンパウダー……小さじ1/2〜1

作り方

1—さつまいもは皮付きのまま洗ってオーブンに入れる。その後、180度に予熱し、予熱が完了してから30〜40分、竹串がすっと通るまで焼く。オーブンの火を止めてそのまま5〜10分おいて粗熱をとる。

2—生クリームに砂糖、シナモンパウダーを加えてふんわりと泡立てる。半分に切ったさつまいもに添える。

焼きいもは丸ごと紙袋に、ホイップは別容器に入れると持ち運びしやすいです。食べる直前に盛りつけをさせてもらいましょう。

くるくるキャベツサラダ

材料（4人分）

- キャベツ……4枚
- パプリカ（赤、黄）……各1/3個
- きゅうり……1/2本
- スモークサーモン（スライス）……8枚
- スライスチーズ……8枚

作り方

1—キャベツはP45の要領で外葉をはがす。パプリカ、きゅうりは縦4等分に切る。

2—キャベツの内側を上にしてまな板に並べ、ふきんで水けをおさえる。サーモン、チーズを広げてのせ、手前にパプリカ、きゅうりをのせ、両サイドをたたみながら巻く。

3—少しおいて落ち着かせたら、食べる直前に4等分の輪切りにする。

おでん便利帳

トッピング

のせたり、かけたり、トッピングで味を加えると
また違うおいしさになって
いくらでも食べ続けられます。

こんにゃく

たたき梅＋おかか

P122の副菜で紹介する梅おかかは、おでんにトッピングしてもさっぱりしておいしい。大根や練り物全般にもいけます。

じゃがいも

バター＋黒粒こしょう

じゃがいもにバターを合わせると、別腹で食べられます。大人は黒こしょうでアクセントをつけるのがおすすめ。

ちくわぶ

ラー油＋しょうゆ

淡泊なちくわぶは、味の強いものを加えると新鮮に。ラー油としょうゆをかけたらおいしいおつまみに。

ゆでたまご

塩昆布＋マヨネーズ

たまごにマヨネーズという王道の組み合わせはそれだけでおいしいけれど、塩昆布でしょっぱさをプラス。

大根

おぼろ昆布＋青唐しょうゆ

P60で紹介した青唐しょうゆを使っています。ガラリと味が変わるので、翌日の副菜に使っても。

さつま揚げ

細ねぎ＋一味（七味）唐辛子

プレーンな練り物は、トッピング向き。細ねぎだけでなく、薬味全般でどんどん味を変えていきましょう。

おでんのだしと残りのたねで

おでんリメイク

残ったおでんのだしやたねを、簡単なひと手間で別の料理に。和風だしがきいているからいろいろな味つけになじみます。

カレーうどん

牛すじおでんが絶品カレーに変身。塩味、しょうゆ味の定番おでんでもおいしくできます

材料（2人分）

- おでんのだし……4カップ（足りなければ水を足す。残っていたら、たねも）
- カレールウ……40～50g（約2皿分）
- めんつゆ……適宜
- 冷凍うどん……2玉
- たまご……2個
- 細ねぎ（刻んだもの）……適量

作り方

1―鍋におでんのだしをひと煮立ちさせる。いったん火を止めてカレールウをとき混ぜる。

2―中火にかけ、味をみて薄いようならめんつゆを加えて調える。うどんを加え、たまごを割り落とす。6～7分煮て、うどんが軽くほぐれ、たまごが半熟になったら、器に盛ってねぎを散らす。

めんつゆバター炒め

しっかり味になるので、お弁当のおかずにもぴったり。
めんつゆの代わりにしょうゆを使っても

材料（2人分）

- おでんの残りのたね（大根、じゃがいも、ちくわぶ、さつま揚げなど）……適量
- めんつゆ、バター……各適量
- いんげん、グリーンアスパラガス、パプリカなどのゆで野菜（あれば）……適量

作り方

1―フライパンに油（分量外）とバター少々を入れ、具を焼き付けてから炒める（このとき、かためにゆでた野菜を加えると食感も加わり、おいしくなる）。

2―仕上げにバターひとかけ、めんつゆをたらし、全体にからめる。

豆乳白みそクリームシチュー

和風の味つけなので、じゃがいも、大根、練り物、たまごなど、あらゆるたねがなじみます

材料（4人分）

- おでんの残りのたね……適量
- おでんのだし、豆乳……各1.5カップ

＊合わせて3カップになればOK。

A
- 白みそ（なければ別のみそでも）……小さじ1～1と1/2
- クリームチーズ……30g

- 塩、粗挽き黒こしょう、細ねぎ（刻んだもの）……各適量

作り方

1―鍋におでんのだしと食べやすく切ったたねを入れて温める。

2―ボウルにAを入れて混ぜ、豆乳を少しずつ注ぎながらときのばし、1に加える。

3―煮立たせないように温め、味をみて塩で調え、器に盛って細ねぎを散らし、黒こしょうをふる。

チーズ焼き

ロールキャベツが残ったらぜひ。ちくわやさつま揚げなど練り物で作ってもおいしい！

材料（1人分）

- おでんの残りのたね……適量
- トマトだれ（P44）……1/4カップくらい
- ピザ用チーズ……60～70g
- 油……適量

作り方

1―具を食べやすく切り、薄く油を塗った耐熱容器に入れ、トマトだれをかける。

2―チーズを散らし、オーブントースターでチーズがとけて焼き色がつくまで焼く。

おでんにもう1品

副菜

おでんだけでも食卓はにぎやかだけれど、煮込んでいる時間を使って作れる簡単副菜を紹介します。

ちぎりレタスの明太子あえ

材料（4人分）

- レタス……1/2玉
- 辛子明太子……70〜80g
- 油（太白ごま油や菜種油など生食向きのもの）……大さじ1
- レモン汁……大さじ1/2
- 塩、こしょう……各少々

作り方

1—明太子は薄皮に切り目を入れて大きめのボウルに中身をこそげ出し、油、レモン汁を加えて混ぜる。

2—ちぎったレタスを加えてあえ、塩、こしょうで味を調える。

ブロッコリーのごまあえ

材料（4人分）

- ブロッコリー（大）……1個
- 黄パプリカ（小）……1個
- A
  - 白すりごま……大さじ2
  - 砂糖、しょうゆ、白練りごま……各大さじ1
- ツナ缶（小）……1缶

作り方

1—ブロッコリーは小房に分け、軸のかたい部分をむき、ひと口大に切る。パプリカは1cm幅に切って長さを半分に切る。

2—フライパンにブロッコリー、水3/4カップを入れ、塩少々（分量外）をふる。蓋をして強火にかけ、3分ほど蒸す。パプリカを加えて1分蒸し、蓋をとって水分をとばし火を止め、Aと缶汁をきったツナを加えてあえる。

焼きねぎマリネ

材料（4人分）

- ねぎ……2本
- しめじ（あればひらたけ）……1パック

A
- オリーブオイル、米酢……各大さじ2
- 塩、昆布茶……各小さじ1/2
- 砂糖……小さじ1
- 水……1/4カップ

作り方

1―ねぎは3～4cm長さに切る。しめじは石づきを落としてほぐす。

2―フライパンに油少々（分量外）を入れて熱し、ねぎ、しめじを入れて焼き色がつくまで中火で2～3分焼く。裏返して同様に焼き色をつける。

3―ボウルにAを合わせ、2を入れて混ぜ、15分以上おいてなじませる。

セロリのツナみそのっけ

材料（4人分）

- セロリ……1本

A
- ツナ缶（小）……1缶
- みそ……大さじ1～1と1/2
- マヨネーズ……大さじ2
- 砂糖……小さじ1/2

作り方

1―Aを合わせてツナみそディップを作る。

2―セロリは筋を薄くそぎとり、長さを3～4等分に切ってから縦に食べやすい棒状に切り、1をのせ、好みで一味唐辛子（材料外）をふる。

パックから出したまんま
ひき肉焼きつくね

材料（4人分）
- 鶏ひき肉……1パック（300g）
- しょうがのみじん切り……1かけ分

A
- 砂糖……大さじ1と1/2
- 酒、みりん、しょうゆ……各大さじ2と1/2〜大さじ3
- 油……大さじ1
- 白いりごま……適量

作り方

1—フライパンに油をひき、鶏ひき肉をパックから出したままの形で入れ、しょうがを散らし、手で押して薄く広げる。

2—強めの中火にかけ、肉のふちが白っぽく変わるまで3〜4分焼く。食べやすい大きさに木べらなどで切り、ひとつずつ裏返す。

3—色が変わるまで焼く。Aを順に加えて照りが出るまでからめ、白ごまをふる。

キャベツの梅おかかあえ

材料（4人分）
- キャベツ……大5枚（約300g）
- 梅干し……3個
- かつお削り節……ひとつかみ（約8g）
- しょうゆ……大さじ1/2

作り方

1—キャベツはざく切りにして耐熱ボウルに入れ、蓋かラップをし、電子レンジ600Wで3分30秒加熱する。

2—梅干しは種をとり除いて包丁で叩き、ボウルに入れる。削り節をもんで細かくして加え、しょうゆを加えて混ぜ、梅おかかを作る。

3—1を2であえる。

丸ごと焼きピーマン

材料（4人分）
- ピーマン……4個
- めんつゆ（かけつゆ濃度）……大さじ3
- かつお削り節……適量

作り方

1―ピーマンは縦に切り目を1本入れ、魚焼きグリルかオーブントースターで6分を目安に、色がくすむまで焼く。

2―1をボウルに入れて蓋をしながら粗熱をとり、切り目から半分に裂いて種をとり除く。めんつゆをかけ、削り節をふる。

海苔キムチ

材料（4人分）
- 白菜キムチ……150g
- 焼き海苔（全形）……3枚
- かいわれ菜……1パック
- ごま油……小さじ1

作り方

1―キムチは食べやすい大きさに切る。かいわれ菜は根を切り、長さを半分に切る。

2―キムチをボウルに入れ、海苔をくっつかないようにちぎりながら加えてあえる。ごま油としょうゆを加えて混ぜ、かいわれ菜を加えてざっとあえる。

お腹を満たす

添えごはん

おでんと一緒に、またはシメに。さっぱりと食べられる炭水化物のメニューを考えました。

チーズたらと茎わかめのまぜごはん

材料（4人分）

- 温かいごはん……茶碗4杯分
- チーズたら（おつまみ用を刻んだもの）……大さじ3くらい（さきいかやひと口ホタテなど他のおつまみを使っても）
- 茎わかめ（刻んだもの）……大さじ3くらい

作り方

ごはんにチーズたらと茎わかめを混ぜる。

しらすごはん

材料（4人分）

- 温かいごはん……茶碗4杯分
- 釜揚げしらす……大さじ6
- 青じそ……4枚
- 梅干し……3個

作り方

1―青じそは縦半分に切ってからせん切りにして水にさらし、水けをきる。梅干しは種をとり除き、粗く刻む。

2―ごはんにしらす、梅肉、青じそをのせ、好みでしょうゆ少々（材料外）をかけて混ぜながら食べる。

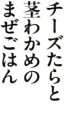

とろろにゅうめん

材料（4人分）
- そうめん……4〜6束（200〜300g）
- おでん汁、だし……合わせて7〜8カップ（だしは顆粒で簡単に。またはめんつゆを薄めたものでも）
- 長いも……250g
- 昆布のつくだ煮（P23参照）、細ねぎの小口切り、塩（またはしょうゆ）……各適量

作り方

1―そうめんはかためにゆで、ざるに上げて水ですすぎ、ぬめりを落とす。長いもは皮をむいてすりおろす。

2―だしを温め、味をみて塩またはしょうゆで調える。そうめんを入れてさっと温め、器に盛って長いもをのせ、昆布のつくだ煮と細ねぎを散らす。

しそむすび

材料（小さめ8個分）
- 温かいごはん……茶碗4〜5杯分
- 青じそ……8枚
- ごま油……大さじ1/2
- 塩……適量

作り方

1―青じそは洗って水けを拭き、塩少々とごま油をふる（こうすると少ししんなりするので、ごはんにつきやすい）。

2―手塩をして、おむすび8個を作り、青じそを巻く。

おでんだね図鑑

選んでウキウキ、食べてにっこり。
さあ、今夜のおでんには何を入れましょう？

豆腐揚げ
ふわふわの口当たり

つみれ
魚の旨味がぎゅっ

餃子巻き
九州で人気

銀杏巻き
大人好み

がんもどき
または飛竜頭とも

さつま揚げ
プレーンな味

ボール
丸くしたさつま揚げ

しゅうまい巻き
肉感がうれしい

しょうが天
しょうががアクセント

げそ巻き
いかの旨味

しらたき
だしがしみ込む

はんぺん
老若男女に愛される

すじ（魚）
軟骨入り

ごぼう巻き
ごぼ天の名でも愛される

チーズ巻き
中からチーズがトロリ

れんこん揚げ
食感が楽しい

ピーマン
肉詰め風に練り物を詰めて

野菜揚げ
こちらはねぎ入り

うずら巻き
コロコロかわいい

厚揚げ
木綿豆腐を揚げたもの

しいたけ揚げ
しいたけが丸ごと

ちくわ
おでんの鉄板

ちくわぶ
関東ではおなじみ

※いろいろなお店のたねを集めました。

好きなたね
大根または冬瓜、豆腐
（からしも！）

枝元なほみ Nahomi Edamoto

料理家。自由な発想で生み出されるおいしい料理と、気さくな人柄が人気となり、「エダモン」の愛称でテレビや雑誌に大活躍。一般社団法人チームむかごを設立して農業生産者をサポートする活動も行う。『食べるスープレシピ』『今日もフツーにごはんを食べる』など著書多数。「ビッグイシュー」日本版のcookingページで連載中。Twitter @eda_neko

枝《えだ》元《もと》なほみの今《こん》夜《や》はおでん

2019年11月 9日　初版　第1刷発行
2019年11月16日　初版　第2刷発行

著者
枝元なほみ

発行人
片岡巌

発行所
株式会社技術評論社
東京都新宿区市谷左内町21-13
電話 03-3513-6150（販売促進部）
03-3513-6166（書籍編集部）

印刷・製本
株式会社加藤文明社

・定価はカバーに表示してあります。

造本には細心の注意を払っておりますが、万一、乱丁（ページの乱れ）や落丁（ページの抜け）がございましたら、小社販売促進部までお送りください。送料小社負担にてお取り替えいたします。

ISBN978-4-297-10630-0 C2077　Printed in Japan

STAFF

ちくわぶ
企画・構成・取材
石川理恵

大根、たまご、ソーセージ
撮影
キッチンミノル

大根
スタイリング
久保百合子

ちくわぶ
調理アシスタント
渡辺絵美

ちくわぶ
イラスト
アマノサクヤ

ちくわぶ
校正
荒川照実

牛すじ
デザイン
三木俊一（文京図案室）

大根
DTP
高瀬美恵子（技術評論社）

牛すじ
編集
秋山絵美（技術評論社）

撮影協力
マルサかまぼこ店（P2〜7）　東京都杉並区堀ノ内3-3-24
ル・クルーゼ ジャポン株式会社　www.lecreuset.co.jp